Familien Rezepte

Kochen mit Lust und Liebe

Omas Wackelpudding, Tante Trudes köstlicher Schweinebraten und Großvaters Spargelsuppe, all diese und viele Rezepte mehr wollen bewahrt und liebevoll notiert werden. Auf Familienfesten und -feiern tauscht man gerne Ideen aus, überlegt sich neue, peppige Rezepte und erinnert sich an die gute alte Zeit. Meist verbinden wir mit Essen und Trinken ein besonderes Erlebnis wie einen Geburtstag, ein frohes familiäres Weihnachtsfest oder den letzten Urlaub. Nun bekommen die leckeren Rezepte ihren Platz in diesem schön gestalteten Kochbuch. Auch als Geschenk an Freunde und Familienmitglieder ist das Sammelwerk eine wunderbare und ganz individuelle Idee.

Ein eigenes Rezeptbuch

Was für eine Freude! Ein Rezeptbuch, das ganz auf den Beschenkten zugeschnitten werden kann. Für die frisch gebackene Studentin ist es gefüllt mit schnellen Gerichten und Party-Klassikern, die schon Großmama gekocht hat, für die erste eigene Wohnung enthält es die lieb gewonnenen Rezepte aus Mutters Küche, für die junge Ehe finden sich tolle Menüs zu allen Gelegenheiten – das Familienkochbuch bietet allerlei erfrischende Möglichkeiten, das kulinarische Erbe der Familie auf feine Art und Weise festzuhalten.

Aber nicht nur Rezepte, auch Fotos der Gerichte, Tipps, Tricks und glückliche Erinnerungen lassen sich in das großzügige Buch einarbeiten. Warum nicht Auszüge aus der Hochzeitsrede abdrucken oder fröhliche Partybilder einkleben. Wer wünscht sich nicht ein Kochbuch, das alles beinhält, was schon Oma wusste, und das Küchenkniffe kennt, die in keinem noch so modernen Rezeptbuch zu finden sind. Lassen Sie sich von diesem frohen Gedicht leiten:

Nimm ein Quäntchen guten Willen
und zwei Lot Zufriedenheit,
eine gute Dosis Frohsinn
und zwei Gramm Verträglichkeit.

Misch zu diesen Ingredienzen
Gottvertrauen noch hinein,
und du hast für alle Zeiten
das Rezept zum Glücklichsein.

Mehr als tägliche Routine

Haben Sie schon einmal darüber nachgedacht, dass Kochen eine Tätigkeit ist, die uns Menschen eint und von anderen Lebewesen unterscheidet? Nur der Mensch war in der Lage, das Zubereiten seiner Nahrung zu einer wahren Kunst zu entwickeln. Wer täglich am Herd stehen muss, um das Essen für die Familie auf den Tisch zu bringen, vergisst über all der Routine allerdings nur zu leicht, wie viel Freude das Werkeln in der Küche bringen kann.

Ein Vergnügen für alle Sinne

Kochen spricht alle unsere Sinne an: Beim Arbeiten mit den Händen kommen wir mit frischem Gemüse, zartem Fleisch und saftigem Teig in Berührung. Wir sehen mit Vergnügen die knusprige Kruste auf dem Braten oder den schmelzenden Käse auf der Pizza. Wir hören das Brutzeln in der Pfanne. Wir riechen den köstlichen Duft von Zwiebeln, die in Butter angebraten werden. Und wir schmecken natürlich, haben immer wieder das Aroma der Sauce auf der Zunge, bis sie richtig abgeschmeckt ist. Kochen ist ein sinnliches Vergnügen allererster Ordnung.

Ein Anlass für Geselligkeit

Kochen ist aber auch ein sehr geselliges Unternehmen: Selbst eine kleine Neubauküche kann, wenn sie praktisch eingerichtet ist, ein Ort sein, an dem man sich gern aufhält. Wer mit anderen gemeinsam kocht, wird dabei nicht verbissen schweigend vor sich hin arbeiten. Hier ist immer Zeit für ein Schwätzchen, während Kartoffeln geschält und Gemüsesorten geputzt werden. Vielleicht gibt es einen kleinen Aperitif und erste Häppchen dazu?

Ein kreatives Hobby

Und schließlich wollen wir nicht vergessen, dass viele von uns das Kochen zu ihrem Hobby gemacht haben. Selbst wenn sie während der Arbeitswoche nicht so recht dazu kommen – am Wochenende, wenn Freunde zu Besuch sind oder zu besonderen Gelegenheiten, wird mit Lust und Leidenschaft gekocht. Dabei entstehen dann herrliche Ideen, köstliche Menüs, neue Geschmackskompositionen und vielleicht auch exotisch gewagte Zusammenstellungen. Auf jeden Fall hat hier der (Küchen-)Alltag Pause.

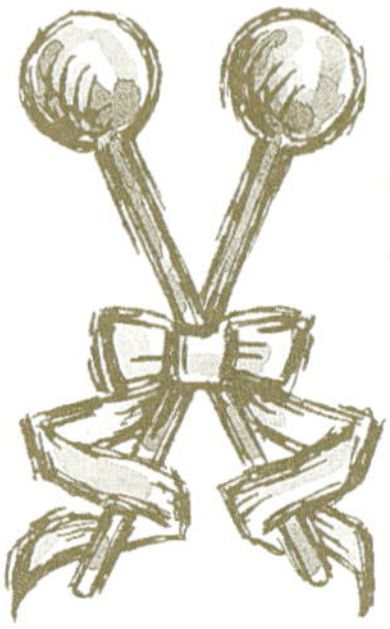

Inventur in Ihrer Küche

In den meisten Küchen sammeln sich mit der Zeit viele Gerätschaften an, die selten oder gar nicht gebraucht werden. Machen Sie gelegentlich kritisch Inventur. Was Sie wirklich oft brauchen, muss natürlich in der Küche seinen Platz finden. Was nur selten gebraucht wird, kann im Keller aufbewahrt werden. Und was Sie nie brauchen ... Vielleicht findet sich ein dankbarer Abnehmer?

Die wichtigsten Küchengeräte

Eigentlich brauchen Sie zum Kochen nicht sehr viele Geräte. Für die wirklich notwendigen Dinge allerdings sollten Sie so viel Geld ausgeben, wie Sie eben können. Vielleicht wünschen Sie sich das eine oder andere Küchenutensil ja auch zu Weihnachten oder zum Geburtstag.

Gute Messer sind unerlässlich

Nichts ist wichtiger in der Küche als hochwertige, scharfe Messer. Sie sind ihren Preis wert. Sie brauchen ein großes, schweres Gemüsemesser, ein schmales Fleischmesser und mehrere kleine Küchenmesser. Kaufen Sie Markenmesser. Wenn Sie nicht auf den Cent sehen müssen, sollten Sie sich einmal in einem guten Haushaltsgeschäft japanische Messer ansehen.
Zusätzlich brauchen Sie einen guten Messerschärfer aus Stahl oder Keramik. Damit sollten Sie Ihre Messer regelmäßig (eigentlich vor jedem Gebrauch) nachschärfen. Wenn die Messer wirklich stumpf sind, hilft der Wetzstahl freilich nichts mehr. Dann müssen sie vom Profi neu geschliffen werden. Und noch ein wichtiger Hinweis: Geben Sie gute Messer niemals in die Spülmaschine!

Kochtöpfe und Pfannen

Sie brauchen viel weniger Töpfe, als Sie meinen. Ein großer Topf für Nudeln und andere große Mengen, zwei kleinere Töpfe für Gemüse, ein Topf für Milch, in dem Sie gut auch Ihre Saucen zubereiten können, und ein kleiner Stieltopf: Mehr benötigen Sie nicht.

Wichtig ist der Topfboden. Er sollte möglichst dick und schwer sein, damit er die Hitze gut weiterleitet. Wer Freude an schönen Küchengeräten hat, kann sich noch einen gusseisernen Schmortopf für den Backofen leisten. Bei den Bratpfannen kommt es ebenfalls vor allem auf die Qualität an. Eine kleine Eierpfanne mit Beschichtung und eine große Pfanne mit Deckel reichen meist aus.

Spezialgeräte

Sie lieben die asiatische Küche? Dann kommen Sie auf Dauer an einem guten Wok nicht vorbei. Dieser große Topf mit fast rundem Boden ist nicht nur für asiatische Köstlichkeiten bestens geeignet, sondern er wird Ihnen auch bei vielen anderen Zubereitungsarten zum unentbehrlichen Helfer werden. Wenn Sie sich ein Gerät mit eigener Wärmezufuhr anschaffen, haben Sie sogar noch eine zusätzliche Kochplatte.

Römertopf, Fonduetopf, Raclette-Grill, Tischgrill und viele andere Spezialgeräte sollten Sie sich nur dann anschaffen, wenn Sie wirklich gelegentlich damit kochen wollen. Bedenken Sie vor einer solchen Anschaffung zweierlei: Zum einen ist nichts in Ihrer Küche so wertvoll wie Platz. Und zum anderen sind viele Küchenmoden ebenso schnell verschwunden, wie sie aufkommen.

Der Profitipp!

Was tun wenn …

… die Schlagsahne nicht fest wird?
Versuchen Sie es mit einigen Tropfen Zitronensaft. Zucker erst nach dem Schlagen zugeben.

… die Sauce versalzen ist?
Etwas Sahne oder Büchsenmilch oder ein Stück rohe Kartoffel, das Sie mitkochen, kann die Sauce retten.

… eine Speise zu süß ist?
Mit etwas Salz können Sie den Geschmack korrigieren.

… der Sauce Geschmack fehlt?
Eine Prise Zucker gibt dem Ganzen mehr Fülle.

… die Kartoffeln schwarze Stellen haben?
Ein Schuss Essig im Kochwasser lässt die hässlichen Flecken verschwinden, ohne dass die Kartoffeln ihren Geschmack verändern.

… das Olivenöl trüb geworden ist?
Stellen Sie das Öl an einen wärmeren Ort – Olivenöl »gefriert« schon bei relativ hohen Temperaturen.

Vorrat ist ein guter Rat

Vor dem Kochen steht das Einkaufen. Wer ein gewisses System in seine Einkäufe und die Vorratshaltung bringt, spart Zeit und Geld und gerät nicht so leicht in Verlegenheit, wenn unerwartet hungrige Gäste vor der Tür stehen.

Haltbare Vorräte

Viele Dinge, die wir täglich in unserer Küche brauchen, lassen sich gut lagern. So können Sie Sonderangebote nutzen und haben immer das Notwendigste im Haus.

In der Speisekammer oder im Schrank

Bei Zimmertemperatur und trocken lagern Sie Reis, Nudeln, Zucker, Salz, Öl, Essig, Grieß, Haferflocken, Halbfertigprodukte und dergleichen. Glücklich ist, wer eine Speisekammer in der Wohnung hat. Ansonsten tut es aber auch ein großer, übersichtlich eingerichteter Schrank.

Im Keller

Kühl und dunkel lagern Sie am besten Obst, Gemüse, Salat, Eingemachtes und gekaufte Konserven – und natürlich Wein. Achten Sie darauf, dass Ihr Keller trocken ist und dass kein Ungeziefer angelockt wird.

Im Kühlschrank

Der Kühlschrank ist der richtige Ort für alle leicht verderblichen Nahrungsmittel – und Sie sollten Ihn auch für diese Lebensmittel reservieren. Ein voll gestopfter Kühlschrank erfüllt seinen Zweck nicht mehr, weil die kalte Luft nicht mehr zirkulieren kann, und außerdem sammeln sich auf scheinbar rätselhafte Weise Reste darin an, die irgendwann doch nur weggeworfen werden.

In der Tiefkühltruhe

Eine Tiefkühltruhe oder ein Tiefkühlschrank ist der ideale Ort für alles, was man gut vorbereiten kann. Bei vielen Gerichten bietet es sich geradezu an, gleich mehrere Portionen zuzubereiten und einzufrieren. Besonders für den kleinen Haushalt ist dieses Verfahren ausgesprochen praktisch, und gerade der kleine Haushalt profitiert auch von der Möglichkeit, preisgünstige Großpackungen an Tiefkühlkost einkaufen zu können.

Einkaufen nach Plan

Sie sparen Zeit und Geld, wenn Sie sich einen wöchentlichen und einen monatlichen Einkaufsplan machen. Ein Zettel, mit Hilfe eines Magneten am Kühlschrank aufgehängt, sorgt dafür, dass nichts vergessen wird.

Monatlicher Einkauf

Einmal im Monat können Sie die haltbaren Vorräte ergänzen. Wenn Sie regelmäßig auf Sonderangebote achten, wird auf diese Weise mancher Euro gespart.

Wöchentlicher Einkauf

Beim wöchentlichen Einkauf kann im Grunde alles besorgt werden, was Sie im Laufe der Woche zum Kochen brauchen. Nur die besonders leicht verderblichen Lebensmittel müssen Sie vielleicht noch ein- oder zweimal in der Woche nachkaufen.

Der Profitipp!

Diese Kräuter gehören in Ihren Küchengarten – und sei es auf der Fensterbank

- ✔ *Basilikum würzt Tomaten, Pilzgerichte und Zucchini.*
- ✔ *Dill ist das Kraut für viele Fisch- und Eiergerichte.*
- ✔ *Lorbeer brauchen Sie bei allen kräftig gewürzten Gerichten, die ein wenig säuerlich schmecken sollen.*
- ✔ *Oregano bringt auf der Pizza und in der Tomatensauce den Sommer auf den Teller.*
- ✔ *Petersilie gibt Suppen und Saucen einen frischen Geschmack und verleiht Salzkartoffeln mit Leichtigkeit den richtigen Pfiff.*
- ✔ *Rosmarin gibt Bratkartoffeln und vielen Geflügelgerichten Würze.*
- ✔ *Schnittlauch sollten Sie nie mitkochen. Er verleiht ihren Gerichten milden Zwiebelgeschmack.*
- ✔ *Thymian brauchen Sie für viele Gerichte mit Tomaten. Es ist der wichtigste Bestandteil der Gewürzmischung »Kräuter der Provence«.*

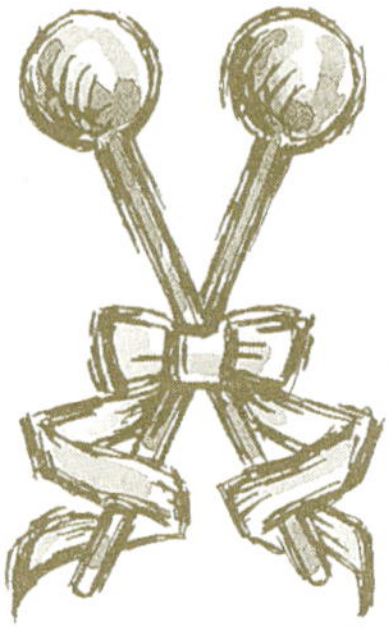

Ein gelungenes Menü

Sie wollen Gäste bewirten und einmal so richtig groß kochen? Oder planen Sie ein abendfüllendes Essen allein zu zweit? Wie auch immer: Sie haben sich vorgenommen, ein ganzes Menü auf den Tisch zu bringen. Das erfordert ein bisschen Planung, ist aber lange nicht so kompliziert, wie Sie vielleicht glauben.

Mehrere Gänge machen ein Menü

Ein Menü besteht immer aus mehreren Gängen. Sie müssen bei Ihrer Planung also zum einen die Mengen, zum anderen die Zusammenstellung der Zutaten im Blick haben.

Der Anlass

Bevor Sie mit der Planung beginnen, machen Sie sich kurz ein paar Gedanken über den Anlass des Essens. Geht es um ein geselliges Abendessen mit Freunden, um ein lauschiges Candle-Light-Dinner zu zweit, um ein repräsentatives Essen mit Geschäftspartnern? Oder möchten Sie einfach einmal Ihrer Familie etwas Gutes tun? Je nach Anlass wird Ihr Menü unterschiedlich ausfallen. Wenn Kinder mit am Tisch sitzen werden, sollten Sie deren Vorlieben und Abneigungen in Ihre Überlegungen mit einbeziehen. Entscheidend ist natürlich auch, wie viel Geld Sie ausgeben wollen.

Die Mengen

Wenn Sie mehrere Gänge servieren, dürfen die einzelnen Portionen nicht so groß sein wie sonst. Denken Sie daran, kleinere Mengen einzuplanen, sonst haben Sie am Ende zu viele Reste, oder Ihre Gäste sind spätestens nach dem Hauptgericht satt.

Das Hauptgericht

Wenn Sie ein Menü planen, fangen Sie am besten mit dem Hauptgericht an. Soll es ein Fisch- oder Fleischgericht sein? Welche Beilagen passen dazu? Gibt es eine Sauce? Wird es eher ein leichter Bratensaft sein oder eine sahnig cremige Sauce? Mit diesen Überlegungen werden die Weichen für alle anderen Bestandteile des Menüs gestellt, denn die Gänge sollten gut aufeinander abgestimmt sein.

Die Vorspeise(n)

Sie können sich für eine kalte oder warme Vorspeise entscheiden oder sogar beides planen. Dabei spielt auch die Jahreszeit eine wichtige Rolle: Eine heiße Suppe als Vorspeise ist im Winter besonders willkommen und wärmt den Magen vor, eine Grapefruit auf Eis oder eine gut gekühlte Melone sind erfrischend an heißen Sommertagen.

Das Dessert

»Dessert geht immer«, lautet ein alter Gastronomenspruch. Und wirklich: Nicht nur Kinder lieben den süßen Nachtisch, auch die Herren der Schöpfung greifen hier begeistert zu. Bei einem Menü sollte das Dessert natürlich nicht zu schwer und wuchtig sein, vor allem, wenn Sie nach guter Tradition zuvor noch Käse servieren.

Die Vorbereitung

Das Dessert können Sie fast immer am Vortag zubereiten und bis zum Servieren im Kühlschrank aufbewahren. Auch Suppen und viele Hauptgerichte lassen sich gut vorbereiten. Salate müssen allerdings frisch angerichtet werden. Insgesamt sollten Sie so planen, dass zwischen den einzelnen Gängen nur noch kurz letzte Hand angelegt werden muss. Zehn Minuten Pause dürfen Sie zwischen den Gerichten ohnehin einplanen.

Der Profitipp!

Damit Sie nicht ins Schwitzen kommen, wenn Sie Gäste bewirten

- ✔ *Räumen Sie die Spülmaschine aus, damit schmutziges Geschirr später schnell verschwinden kann.*
- ✔ *Wenn es Rotwein geben soll, öffnen Sie die Flaschen mindestens zwei Stunden vor dem Servieren. Auch ein schlichter Landwein schmeckt entschieden besser, wenn er ein Weilchen »geatmet« hat.*
- ✔ *Rezepte, mit denen Sie Gäste erfreuen wollen, sollten Sie unbedingt schon einmal ausprobiert haben.*
- ✔ *Planen Sie genügend Zeit ein; die Angaben in Kochbüchern sind oft knapp bemessen. Sie brauchen ja auch noch Zeit fürs Tischdecken und für einen kritischen Blick in den Spiegel.*
- ✔ *Wenn Sie mehrere Gänge servieren wollen, sollte mindestens einer dabei sein, den Sie am Vortag zubereiten können.*

Ein Kochbuch nur für Sie

Viele Hobbyköche und -köchinnen sammeln Kochbücher, oft ohne es selbst recht geplant zu haben. Vielleicht haben Sie irgendwann einmal ein Grundkochbuch geschenkt bekommen. Dann folgte ein Backbuch und noch eines speziell für die Weihnachtsbäckerei. Am Urlaubsort lockte ein Kochbuch mit regionalen Spezialitäten und Köstlichkeiten und kam als Souvenir dazu. Spezielle Zubereitungsarten haben Sie interessiert. Und schließlich sind Kochbücher so beliebte Geschenke zu Geburtstagen oder zu Weihnachten, dass die Sammlung immer größer wurde.

Kochbücher meterweise

Was aber tun wir mit den Kochbüchern, die da bunt und verlockend im Bücherregal stehen? Wenn sie neu sind, werden sie mit großem Vergnügen durchgeblättert, und bei der Lektüre – und vor allem beim Betrachten der Rezeptfotos – läuft uns das Wasser im Mund zusammen. Hier und da bekommen wir Lust, das eine oder andere Rezept bald einmal nachzukochen.

Aber am Ende stehen die schönen Bände doch weitgehend ungenutzt im Regal, denn die wenigsten von uns richten ihren Speisezettel nach ihnen. Der wöchentliche Rhythmus unseres Alltags, die Lieblingsgerichte unserer Familie, die Routine mit den Gerichten, die uns ohne langes Nachdenken leicht von der Hand gehen – all das ist am Ende wichtiger als die Freude an immer neuen Rezepten. So bleibt aus manchem Kochbuch vielleicht ein Rezept, vielleicht zwei, die ins feste Repertoire Ihrer Küche eingegangen sind. Der Rest bleibt leider irgendwann auf der Strecke.

Ihr eigenes Kochbuch

Dieses Kochbuch ist ganz anders. Es gehört Ihnen zunächst ganz allein. Vielleicht haben Sie es sich selbst gekauft, um endlich Ordnung in Ihre »Zettelwirtschaft« zu bringen. Vielleicht hat es Ihnen auch ein geliebtes Familienmitglied geschenkt. Jedenfalls haben Sie mit diesem ganz persönlichen Kochbuch viele Möglichkeiten, dem »Kochen mit Lust und Liebe« schriftliche Form zu geben.

Für die Familienküche

Wenn Sie vor allem auf Bewährtes zurückgreifen wollen, wird dieses Buch Ihnen eine wertvolle Hilfe sein. Auf den folgenden Seiten können Sie all die Rezepte aufzeichnen, die Sie immer wieder brauchen und schnell zur Hand haben wollen.
Mit der Zeit wird sich ganz von selbst Traditionelles mit eigenen Ideen mischen. So entsteht dann tatsächlich ein ganz persönliches Kochbuch, das ausschließlich Ihre Vorlieben und die Ihrer Familie im Blick hat. Sie werden es vermutlich häufiger zur Hand nehmen als alle fertigen Kochbücher, die in Ihrem Regal stehen.

Für Hobbyköche

Auf den folgenden Seiten finden Sie ausreichend Platz für eigene Kreationen. Ein neues Rezept ist Ihnen besonders gut gelungen? Sie haben sich selbst oder Ihre Gäste mit einem eigens entwickelten Menü nicht nur satt, sondern auch restlos glücklich gemacht? Dann verlassen Sie sich nicht auf Ihr Gedächtnis, sondern schreiben Sie die Zutaten und die Zubereitungsweise auf. Ganz allmählich entsteht auf diese Weise ein Schatz an Rezepten, nach denen sich mancher Profi buchstäblich die Finger lecken würde.

Für Gastgeber

Wenn Sie gern Gäste bewirten, hilft Ihnen das Buch zu dokumentieren, wem Sie welche Gerichte schon einmal serviert haben – und mit welchem Erfolg. Vielleicht schreibt der eine oder andere Gast sogar einen kurzen Kommentar dazu? Nach einiger Zeit werden Sie ganz genau wissen, wie Sie welchen Gast besonders verwöhnen können.

Ein Stück Familiengeschichte

Im Grunde dokumentiert ein solches Kochbuch sogar ein Stück Familiengeschichte. Rezepte aus dem Familienschatz sowie leckere Genüsse aus vielen Jahrzehnten Kochkunst finden hier einen wohlverdienten Platz. Und ebenso wird das eine oder andere Rezept aus diesem Buch weitergegeben werden in die Rezeptsammlungen von Kindern und Enkeln, Freunden und Verwandten.

Gutes Gelingen, viel Erfolg und Freude beim Kochen, heimelige Erinnerungen und reichlich gut gelaunte Gäste!

Bemerkungen

Salate & Suppen

Zutaten

Zubereitung

Zeit

Bemerkungen

Zutaten

Zubereitung

Zeit

Bemerkungen

Zutaten

Zubereitung

Zeit

Bemerkungen

Zutaten

Zubereitung

Zeit

Bemerkungen

Zutaten

Zubereitung

Zeit

Bemerkungen

Zutaten

Zubereitung

Zeit

Bemerkungen

Zutaten

Zubereitung

Zeit

Bemerkungen

Zutaten

Zubereitung

Zeit

Bemerkungen

Zutaten

Zubereitung

Zeit

Bemerkungen

Zutaten

Zubereitung

Zeit

Bemerkungen

Zutaten

Zubereitung

Zeit

Bemerkungen

Zutaten

Zubereitung

Zeit

Bemerkungen

Zutaten

Zubereitung

Zeit

Bemerkungen

Zutaten

Zubereitung

Zeit

Bemerkungen

Zutaten

Zubereitung

Zeit

Bemerkungen

Zutaten

Zubereitung

Zeit

Bemerkungen

Zutaten

Zubereitung

Zeit

Bemerkungen

Zutaten

Zubereitung

Zeit

Bemerkungen

Zutaten

Zubereitung

Zeit

Bemerkungen

Zutaten

Zubereitung

Zeit

Bemerkungen

Zutaten

Zubereitung

Zeit

Bemerkungen

Zutaten

Zubereitung

Zeit

Bemerkungen

Zutaten

Zubereitung

Zeit

Bemerkungen

Nudeln & Reis

Zutaten

Zubereitung

Zeit

Bemerkungen

Zutaten

Zubereitung

Zeit

Bemerkungen

Zutaten

Zubereitung

Zeit

Bemerkungen

Zutaten

Zubereitung

Zeit

Bemerkungen

Zutaten

Zubereitung

Zeit

Bemerkungen

Zutaten

Zubereitung

Zeit

Bemerkungen

Zutaten

Zubereitung

Zeit

Bemerkungen

Zutaten

Zubereitung

Zeit

Bemerkungen

Zutaten

Zubereitung

Zeit

Bemerkungen

Zutaten

Zubereitung

Zeit

Bemerkungen

Zutaten

Zubereitung

Zeit

Bemerkungen

Zutaten

Zubereitung

Zeit

Bemerkungen

Zutaten

Zubereitung

Zeit

Bemerkungen

Zutaten

Zubereitung

Zeit

Bemerkungen

Zutaten

Zubereitung

Zeit

Bemerkungen

Zutaten

Zubereitung

Zeit

Bemerkungen

Zutaten

Zubereitung

Zeit

Bemerkungen

Zutaten

Zubereitung

Zeit

Bemerkungen

Zutaten

Zubereitung

Zeit

Bemerkungen

Zutaten

Zubereitung

Zeit

Bemerkungen

Zutaten

Zubereitung

Zeit

Bemerkungen

Zutaten

Zubereitung

Zeit

Bemerkungen

Zutaten

Zubereitung

Zeit

Bemerkungen

Fisch & Fleisch

Zutaten

Zubereitung

Zeit

Bemerkungen

Zutaten

Zubereitung

Zeit

Bemerkungen

Zutaten

Zubereitung

Zeit

Bemerkungen

Zutaten

Zubereitung

Zeit

Bemerkungen

Zutaten

Zubereitung

Zeit

Bemerkungen

Zutaten

Zubereitung

Zeit

Bemerkungen

Zutaten

Zubereitung

Zeit

Bemerkungen

Zutaten

Zubereitung

Zeit

Bemerkungen

Zutaten

Zubereitung

Zeit

Bemerkungen

Zutaten

Zubereitung

Zeit

Bemerkungen

Zutaten

Zubereitung

Zeit

Bemerkungen

Zutaten

Zubereitung

Zeit

Bemerkungen

Zutaten

Zubereitung

Zeit

Bemerkungen

Zutaten

Zubereitung

Zeit

Bemerkungen

Zutaten

Zubereitung

Zeit

Bemerkungen

Zutaten

Zubereitung

Zeit

Bemerkungen

Zutaten

Zubereitung

Zeit

Bemerkungen

Zutaten

Zubereitung

Zeit

Bemerkungen

Zutaten

Zubereitung

Zeit

Bemerkungen

Zutaten

Zubereitung

Zeit

Bemerkungen

Zutaten

Zubereitung

Zeit

Bemerkungen

Zutaten

Zubereitung

Zeit

Bemerkungen

Zutaten

Zubereitung

Zeit

Bemerkungen

Gemüse & Beilagen

Zutaten

Zubereitung

Zeit

Bemerkungen

Zutaten

Zubereitung

Zeit

Bemerkungen

Zutaten

Zubereitung

Zeit

Bemerkungen

Zutaten

Zubereitung

Zeit

Bemerkungen

Zutaten

Zubereitung

Zeit

Bemerkungen

Zutaten

Zubereitung

Zeit

Bemerkungen

Zutaten

Zubereitung

Zeit

Bemerkungen

Zutaten

Zubereitung

Zeit

Bemerkungen

Zutaten

Zubereitung

Zeit

Bemerkungen

Zutaten

Zubereitung

Zeit

Bemerkungen

Gemüse & Beilagen

Zutaten

Zubereitung

Zeit

Bemerkungen

Zutaten

Zubereitung

Zeit

Bemerkungen

Zutaten

Zubereitung

Zeit

Bemerkungen

Zutaten

Zubereitung

Zeit

Bemerkungen

Zutaten

Zubereitung

Zeit

Bemerkungen

Zutaten

Zubereitung

Zeit

Bemerkungen

 Zutaten

 Zubereitung

 Zeit

 Bemerkungen

Zutaten

Zubereitung

Zeit

Bemerkungen

Zutaten

Zubereitung

Zeit

Bemerkungen

Zutaten

Zubereitung

Zeit

Bemerkungen

Zutaten

Zubereitung

Zeit

Bemerkungen

Zutaten

Zubereitung

Zeit

Bemerkungen

Zutaten

Zubereitung

Zeit

Bemerkungen

Desserts

Zutaten

Zubereitung

Zeit

Bemerkungen

Zutaten

Zubereitung

Zeit

Bemerkungen

Zutaten

Zubereitung

Zeit

Bemerkungen

Zutaten

Zubereitung

Zeit

Bemerkungen

Zutaten

Zubereitung

Zeit

Bemerkungen

Zutaten

Zubereitung

Zeit

Bemerkungen

Zutaten

Zubereitung

Zeit

Bemerkungen

Zutaten

Zubereitung

Zeit

Bemerkungen

Zutaten

Zubereitung

Zeit

Bemerkungen

Zutaten

Zubereitung

Zeit

Bemerkungen

Zutaten

Zubereitung

Zeit

Bemerkungen

Zutaten

Zubereitung

Zeit

Bemerkungen

Zutaten

Zubereitung

Zeit

Bemerkungen

Zutaten

Zubereitung

Zeit

Bemerkungen

Zutaten

Zubereitung

Zeit

Bemerkungen

Zutaten

Zubereitung

Zeit

Bemerkungen

Zutaten

Zubereitung

Zeit

Bemerkungen

Zutaten

Zubereitung

Zeit

Bemerkungen

Zutaten

Zubereitung

Zeit

Bemerkungen

Zutaten

Zubereitung

Zeit

Bemerkungen

Zutaten

Zubereitung

Zeit

Bemerkungen

Zutaten

Zubereitung

Zeit

Bemerkungen

Zutaten

Zubereitung

Zeit

Bemerkungen

Kuchen & Gebäck

Zutaten

Zubereitung

Zeit

Bemerkungen

Zutaten

Zubereitung

Zeit

Bemerkungen

Zutaten

Zubereitung

Zeit

Bemerkungen

Zutaten

Zubereitung

Zeit

Bemerkungen

Zutaten

Zubereitung

Zeit

Bemerkungen

Zutaten

Zubereitung

Zeit

Bemerkungen

Zutaten

Zubereitung

Zeit

Bemerkungen

Zutaten

Zubereitung

Zeit

Bemerkungen

Zutaten

Zubereitung

Zeit

Bemerkungen

Zutaten

Zubereitung

Zeit

Bemerkungen

Zutaten

Zubereitung

Zeit

Bemerkungen

Zutaten

Zubereitung

Zeit

Bemerkungen

Zutaten

Zubereitung

Zeit

Bemerkungen

Zutaten

Zubereitung

Zeit

Bemerkungen

Zutaten

Zubereitung

Zeit

Bemerkungen

Zutaten

Zubereitung

Zeit

Bemerkungen

Zutaten

Zubereitung

Zeit

Bemerkungen

Zutaten

Zubereitung

Zeit

Bemerkungen

Zutaten

Zubereitung

Zeit

Bemerkungen

Zutaten

Zubereitung

Zeit

Bemerkungen

Zutaten

Zubereitung

Zeit

Bemerkungen

Zutaten

Zubereitung

Zeit

Bemerkungen

Zutaten

Zubereitung

Zeit

Bemerkungen

Zutaten

Zubereitung

Zeit

Bemerkungen

Zutaten

Zubereitung

Zeit

Bemerkungen

Zutaten

Zubereitung

Zeit

Bemerkungen

Weltbild Buchverlag
–Originalausgaben–

2. Auflage 2006

Projektleitung: Julia Kotzschmar
Umschlaggestaltung und Layout: X-Design, München
Umschlagabbildung/Illustration: Morning Glory Cottage
© 2006 Thomas Kinkade, The Thomas Kinkade Company,
900 Lightpost Way, Morgan Hill, CA 95037;
Fotografie © Kob-StockFood München/StockFood America
Innenteilillustrationen: Beate Brömse, München
DTP/Satz: Lydia Koch, Augsburg
Reproduktion: Repro Mayr, Donauwörth
Druck und Bindung: Offizin Andersen Nexö Leipzig GmbH,
Spenglerallee 26–30, 04442 Zwenkau

Gedruckt auf chlorfrei gebleichtem Papier

Printed in Germany

ISBN 978-3-89897-509-4